BERNARD PALISSY

PAR

Gustave GEFFROY

ILLUSTRÉ DE NOMBREUSES GRAVURES

PAR A. DENIS

PARIS

LIBRAIRIE D'ÉDUCATION LAÏQUE

1 bis, RUE HAUTEFEUILLE.

BERNARD PALISSY

VERSAILLES

IMPRIMERIE CERF ET FILS

59, RUE DUPLESSIS

BERNARD PALISSY

D'après une gouache du Musée de Cluny.

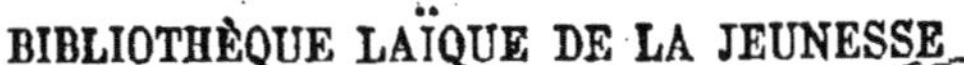

BERNARD PALISSY

PAR

Gustave GEFFROY

ILLUSTRÉ DE NOMBREUSES GRAVURES

PAR A. DENIS

PARIS

LIBRAIRIE D'ÉDUCATION LAÏQUE

1 *bis*, RUE HAUTEFEUILLE

PRÉFACE

Voici un homme, Bernard Palissy, dont la vie, quoique restée assez obscure, offre le plus grand intérêt et comporte un grand enseignement.

On n'est pas fixé, en effet, sur les dates, sur des faits ; mais, par ce que disent les récits, contradictoires sur certains points, unanimes sur d'autres, des contemporains, par les écrits empreints d'une grande sincérité, de naïveté même, qu'a laissés Bernard Palissy, si les faits de son existence sont à l'état vague, le caractère de cette existence nous apparaît nettement.

Nous sommes en présence du plus bel exemple de patience, d'opiniâtreté, de confiance en soi qu'il ait été donné de contempler. L'importance de la découverte de Palissy mise à part, mise à part aussi la beauté de l'œuvre qu'il a laissée, nous avons devant nous l'incarnation la plus belle que nous connaissions du labeur sans repos ni trève qui trouve en lui-même sa récompense.

C'est là l'éternel honneur de Palissy. Au milieu des artistes de la Renaissance dont beaucoup menaient la vie facile des grands seigneurs, il se dresse avec sa face tourmentée et pensive d'inventeur fiévreux, d'ouvrier infatigable.

C'est cette curieuse figure du savant extraordinaire pour son époque, de l'artiste délicat, de l'inventeur qui ne connut pas le découragement, de l'ouvrier qui ne connut pas la faiblesse, que nous avons essayé de faire revivre dans ces quelques pages.

G. G.

Juillet 1880.

BERNARD PALISSY

I

Absence d'état civil

Dès le début, le biographe est arrêté par un obstacle invincible : l'absence de documents fixant d'une manière certaine les dates principales de la vie de Bernard Palissy.

Palissy a laissé de nombreux écrits qui forment la matière d'un gros volume ; mais à part les quelques pages qu'il a, heureusement pour nous, consacrées à nous raconter ses efforts, ses malheurs, son labeur héroïque, alors qu'il voulut découvrir l'émail, ces écrits ne contiennent aucun éclaircissement sur la vie de leur auteur.

Il est tout occupé à nous raconter ce qu'il

a vu, à exposer des faits, à tirer des déduc-
tions, et il ne songe nullement à nous entretenir de sa personne. Il ne nous dit pas où
et en quelle année il est né ; il n'écrit pas une
seule fois le nom de son père ; il parle avec une
remarquable discrétion de sa femme, et nous
ne savons qu'il a des enfants que parce qu'il
nous avoue qu'il a du mal à payer les mois de
nourrice.

Mais si nous aimons beaucoup la simplicité
de ce grand ouvrier, qui se présente à nous
avec son œuvre seulement, nous devons avouer
que l'historien regrette cette réserve.

On a dû, en effet, pour reconstituer la vie de
Palissy, faire un peu ce que faisait Cuvier,
reconstituant un animal des époques disparues
avec un fragment du système osseux. On a dû,
sur l'énoncé d'un fait, rapprocher ce fait d'une
série d'autres faits tirés de l'histoire contem-
poraine, soumettre les témoignages à l'examen
de la plus rigoureuse critique, raisonner et
calculer ; on a dû, sur une phrase, sur un
mot, évoquer les sentiments et le caractère de
Palissy ; et l'on est parvenu, tant bien que
mal, à dire d'abord ce qu'était l'homme qui
tient la première place dans l'histoire de la
céramique française, et ensuite ce qu'est son
œuvre, et dans quelles conditions elle est née.

Ce travail, nous l'avons refait, après nos de-
vanciers, comparant et contrôlant leurs travaux. Nous n'affirmerons que les faits qui
nous paraissent prouvés; quand il y aura
doute, nous exposerons sans conclure le pour
et le contre, indiquant les points précis, et
nous arrêtant au bord de l'inconnu, comme on
doit le faire, à une époque de critique rigoureuse comme la nôtre.

Trois écrivains, au XVIe siècle, ont parlé de
Bernard Palissy. Ce sont : Théodore Agrippa
d'Aubigné, l'auteur des *Tragiques*, né à Saint-
Maury, près de Pons, en Saintonge, le 8 fé-
vrier 1551 ; François Grudé de Lacroix du
Maine, auteur d'une *Bibliothèque française*
des écrivains antérieurs à 1584, né au Mans,
en 1552, et Pierre de l'Estoille, grand audien-
cier de la chancellerie de France, né à Paris
en 1540.

Selon d'Aubigné, Palissy naquit vers 1499 ;
selon Pierre de l'Estoille, en 1510, et selon
Lacroix du Maine, après 1515 ; on voit qu'il
est impossible aux écrivains du dix-neuvième
siècle de donner une date exacte, puisque ceux
du seizième, contemporains de Palissy, n'ont
pu arriver à tomber d'accord.

La date généralement admise est celle de

Pierre de l'Estoille qui fut l'ami de Bernard. « Je l'ai aimé et soulagé en sa nécessité » écrit-il dans ses Mémoires.

Pour le lieu de naissance du potier, les renseignements sont aussi contradictoires; vers 1864, quand il fut question d'élever une statue à Palissy, plusieurs villes de l'Agénois, de la Saintonge, du Périgord et du Limousin se disputèrent, comme autrefois les villes de l'Archipel ionique le firent pour Homère, l'honneur d'avoir été son berceau.

On en est arrivé à admettre, — ceci puisse-t-il mettre tout le monde d'accord, — que si Bernard est né, comme on le croit, à La Capelle-Biron, dans l'Agénois (Lot-et-Garonne), il dut quitter de bonne heure ce pays pour la Saintonge, ainsi que son langage, tout saintongeais, nullement agénois, peut le faire supposer. Palissy, d'ailleurs, dit en parlant de Saintes : « le pays de mon habitation » et jamais : « le pays de ma naissance. »

Ces renseignements, bien vagues, n'est-ce pas ? sont pourtant d'une remarquable précision si on les compare à ceux que nous possédons sur la famille, sur l'enfance de Bernard, c'est-à-dire au néant absolu.

Quelques écrivains, il est vrai, ont suppléé à cette absence de documents par une grande dépense d'imagination. Un des plus illustres, Lamartine, n'a-t-il pas dit que si Bernard fut plus tard un maître céramiste, cela tint à ce que son père fut potier et lui apprit l'art de cuire et d'émailler la terre.

Mais toutes ces histoires ne tiennent pas devant les paroles de Palissy lui-même. Ne dit-il pas qu'à ses débuts, lors de ses premiers essais, il n'avait « nulle connaissance des terres argileuses, et qu'il était comme un homme qui tâte en ténèbres. »

Il dit aussi : « Je n'avais jamais vu cuire terre. »

Et encore : « Je me suis mis à faire des vaisseaux de terre, combien que je n'eusse connu terre. »

Toutes les conjectures permises sur la famille et l'éducation de Palissy, c'est que cette famille était celle d'artisans aisés, de demi-bourgeois, et que cette éducation fut par suite à demi-bourgeoise. Et cela est basé, quoique Palissy dise « n'avoir point eu d'autre livre que le ciel et la terre, qu'il est donné à tous de connaître et de lire », sur le choix même de son métier. Bernard, en effet, entra comme apprenti dans une verrerie. Il apprit l'art de peindre sur verre et d'assembler les vitraux peints par des lignes de plomb et des châssis.

Pour cette peinture sur vitrail, la connaissance du dessin linéaire qui délimite, qui circonscrit les figures était indispensable : Bernard devint un dessinateur.

Le remplissage des surfaces par les couleurs vives et contrastées que l'on emploie exigeait un harmoniste très habile dans l'art de faire chanter les couleurs très haut et à l'unisson : Bernard devint le coloriste étonnant des plats rustiques.

De plus, l'étude de la perspective l'amena sans doute à apprendre l'art de dresser des plans figuratifs, et l'arpentage, ce qu'on appelait la « pourtraiture » au xvi° siècle.

Bien lui en prit ; nous verrons plus tard que cette ressource ne lui fut pas inutile et que, s'il fit une révolution dans la céramique, il le dut aux ressources que lui créa son métier d'arpenteur, ressources qui lui permirent de consacrer son temps et son argent à son invention.

C'est ainsi que Palissy passa son adolescence : il apprit la lecture, l'écriture, les mathématiques ; il apprit le dessin ; il apprit à colorier le verre, à le découper en losanges, à l'assembler en mosaïques ; il apprit la géométrie et l'arpentage.

Voilà le point de départ de la carrière que Bernard a parcourue.

Nous allons voir maintenant, en le suivant d'aussi près que possible, comment ces notions fructifièrent dans son esprit, par quels procédés il les développa et quels résultats elles donnèrent.

II

Le Tour de France

Palissy eut, en effet, une seconde éducation qui fut le contrôle de la première, et qui, aux connaissances déjà amassées en ajouta de nouvelles.

Cette éducation, il se la fit lui-même. Avant Rousseau, il découvrit qu'on s'instruit en voyageant et fit ce qu'on appelait alors et ce qu'on appelle encore aujourd'hui son « Tour de France ».

Ce voyage, coupé de stations assez prolongées dans les villes, fut long : il dura une dizaine d'années, de 1530 à 1540.

Tous les ouvriers de cette époque faisaient cette promenade, après laquelle, passés maîtres dans leur art, ils obtenaient, grâce à cette sorte de brevet, notoriété et clientèle.

Palissy jette dans la gueule embrasée et avide tout ce qui lui tombe sous la main (page 44).

L'organisation des corporations, maîtrises, jurandes, si défectueuse, en ce qu'elle créait, parmi les travailleurs, une classe de privilégiés, comportait parmi les conditions de l'appui qu'elle donnait à ses adhérents ce « Tour de France », comme le comportent encore les associations de compagnons d'aujourd'hui.

Ce que fut ce voyage pour Palissy, ses écrits nous permettent de l'apprécier. Le voyageur ne nous trace pas son itinéraire, mais par les observations recueillies, par les comparaisons qu'il établit entre certaines régions, par les souvenirs qu'il note au hasard de la plume ou par les preuves que sa mémoire évoque en même temps que le fait qu'il énonce, par cet emmagasinement des documents qui forment son œuvre, il a été facile de tracer la carte de ses pérégrinations et de le suivre pas à pas sur les chemins.

En quittant le terrain plat, le sol gras et productif de la Saintonge, pays des belles prairies et des grands troupeaux, il s'en va droit devant lui, toujours plus avant dans le midi de la France.

Il visite la Guyenne et observe le mascaret qui « s'engendre au fleuve de Dordogne, » mais il se trompe dans l'explication qu'il en donne. Pour lui, ces barres d'eau frangée d'écume qui s'avancent, d'un galop furieux « chevaux blancs de la mer », dit Eschyle, ne sont pas produites par le flux ; il voit là un « air enclos sous les eaux » et les élevant pour s'échapper.

Il sent trembler sous ses pas le sol du bec d'Ambez, au confluent de la Dordogne et de la Garonne ; il observe curieusement ce terrain d'alluvions, ces maisons sans fondements posées sur le sol imbibé d'eau, ces crevasses profondes qu'il ne devine pas formées par la contraction produite par la chaleur ; il donne de ces phénomènes la même explication que pour le mascaret.

Il suit les bords du Lot et du Tarn, dont il conservera une impression exquise ; c'est là, que plus tard, il voudra placer son jardin délectable, ce rêve irréalisé de toute sa vie.

En Armagnac, il voit pour la première fois la marne, terre calcaire et argileuse qu'il recommandera plus tard aux agriculteurs pour l'amendement du sol.

A Toulouse, en Gascogne, en Agénois, en Quercy, le grand nombre d'enfants sujets aux vers le frappe ; il attribue le mal aux fruits doux que ces pays possèdent à profusion.

Il va ensuite à Tarbes où, dit-il, il s'est « tenu quelques années », fait des courses dans les environs, en Béarn, en Navarre, dans les Pyrénées, aux sources d'eaux minérales. Il compare les rochers à l'armature d'os qui soutient le corps humain; les vapeurs qui enveloppent le sommet des montagnes et qui se résolvent en pluies l'amènent à concevoir que les eaux produites par ces vapeurs en produisent d'autres à leur tour. Il ne croit guère à la vertu des eaux minérales et dit avoir « vu plusieurs malades aller aux bains qui sont revenus autant malades qu'ils étaient auparavant. »

Il passe ensuite en Languedoc; il cueille dans les marais de Narbonne le salicor ou soude commune, herbe qui produit le sel alcali; il goûte les vins de Montpellier qui ont une telle force « que les raspes de leurs raisins bruslent et calcinent les lamines d'étain, et les réduisent en vert de gris. »

Il admire les ouvrages laissés par les Romains, l'amphithéâtre de Nîmes, le pont du Gard.

Il parcourt la Provence, la Savoie, l'Auvergne, où il voit pour la première fois du cristal de roche et des pétrifications dont il se préoccupa beaucoup par la suite.

Nous le retrouvons en Bourgogne, plaisantant la coutume de mettre « du sel dans la bouche des enfants quand on les baptise. »

Palissy n'avait-il pas vu ailleurs s'accomplir ces puériles cérémonies ? Toujours est-il qu'il fait venir de là l'origine de cette singulière appellation : « Bourguignons salés » qu'on retrouve dans le refrain :

> Bourguignon salé,
> La paille au côté,
> La barbe au menton
> Saute, Bourguignon !

En Basse-Bourgogne, il observe une argile semblable à la marne, mais si résistante que les verriers employaient les vaisseaux qu'elle avait servi à fabriquer.

Mais il ne se contenta pas de visiter la France, de la sillonner des Pyrénées au Pas-de-Calais, de l'Océan au Rhin : il rompit en plusieurs endroits la circonférence de ce « Tour de France » qu'il trouvait sans doute trop restreint et, suivant l'expression moderne, s'échappa « par la tangente. »

Il passe en Allemagne, où il trouve la marne noire et la marne jaune ; admire les cristaux de Fribourg-en-Brisgau ; note à Mansfeld (Saxe) « quantité de poissons réduits en métal » c'est-à-dire, ayant été en contact avec une eau métallifère et dont les molécules de chair se sont changées en molécules de métal ;

parcourt en tous sens les provinces rhénanes remplies de la grandeur d'Albert Durer et de la splendeur des artistes de la Renaissance italienne traversant l'Allemagne pour se rendre à la cour de François Ier.

Puis il rentre en France par la Lorraine, où il voit fabriquer le sel par l'évaporation.

En Champagne, en Valois, en Brie, il trouve la marne blanche ; à Sedan, il étudie les fossiles et fait sur leur formation, au sein des pierres calcaires, des observations dont la justesse a été confirmée par la géologie moderne.

Il reste longtemps dans les Ardennes, visitant les mines, les forges, étudiant les procédés agricoles. Le grand nombre de terrains incultes, le dédain dans lequel beaucoup tiennent le travail des champs lui inspire de graves réflexions. Il critique sévèrement les hobereaux qui « mangent leurs revenus à la suite de la cour en bravades, dépenses superflues, tant en accoutrement qu'autres choses. » Il trouve qu'ils feraient mieux « de manger des oignons avec leurs tenanciers et les instruire à bien vivre, montrer bon exemple, les accorder de leurs différends, les empescher de se ruyner en procès, planter, édifier, fossoyer, nourrir, entretenir, et en temps requis, et nécessaire se tenir prêts à faire service à son prince, pour défendre la patrie. » Il s'élève aussi contre les « fols laboureurs » qui veulent donner un autre état à leurs fils : le fils, devenu Monsieur « aura, dit-il, honte de se trouver en la compagnie de son père et sera desplaisant qu'on dira qu'il est fils d'un laboureur. Et si le bonhomme a certains autres enfants, ce sera ce Monsieur-là qui mangera les autres et aura la meilleure part, sans avoir égard qu'il a beaucoup coûté aux écoles pendant que ses autres frères cultivaient la terre avec leur père. »

Puis il s'échappe encore, part de Mézières, et, en suivant la Meuse visite Dinant et Liège, étudie les eaux minérales, la marne, les mines d'ardoises, collectionne des fossiles.

Il va à Spa, étudie les vertus curatives des eaux, les reconnaît utiles contre la gravelle, mais raille fort ceux qui croient à leur pouvoir contre la stérilité des femmes. « Je sçay bien, dit-il en riant, que plusieurs y sont allées boire de ladite eau, qui eussent eu plus de profit de boire du vin. »

Ne reconnaît-on pas là l'homme qui a passé par la Bourgogne ?

Il va à Aix-la-Chapelle ; il va à Anvers, puis rentre en France par la Picardie.

En Normandie, il s'empresse de noter que la marne a été employée avec succès pour bonifier les terres.

En Bretagne et en Poitou il rectifie une erreur populaire; on croyait les vitres des églises rongées par la lumière de la lune. Bernard sourit et explique que ce sont les pluies qui sont cause de cette détérioration.

Il traverse Brest, Nantes, l'Anjou, le Poitou et rentre enfin en Saintonge d'où il était parti.

Pendant ce long voyage, il vécut de l'état, ou plutôt des états qu'il avait appris, exécutant des peintures sur verre ou arpentant des terrains suivant les circonstances. Il allait ainsi de ville en ville, de village en village, s'arrêtant où il voulait, y restant autant de temps qu'il le voulait, selon les exigences de sa vie et aussi l'intérêt que pouvait lui présenter le pays au point de vue de ses études.

Manière exquise de voyager, la seule vraie, la seule profitable ! C'est là voyager en observateur et en artiste. Après le repos nécessaire, on s'en va le matin, le sac sur l'épaule, le bâton à la main par la grande route où à travers bois. Il y a bien la mélancolie des choses que l'on quitte pour ne plus jamais les revoir, mais il y a aussi le désir curieux d'aller plus lóin et de faire connaissance avec l'inconnu. Aussi, quand au détour du chemin ou au sommet de la colline, on s'arrête pour embrasser du regard le chemin déjà parcouru et celui que l'on va parcourir, deux sentiments nous emplissent le cœur et l'esprit : la tristesse de l'homme qui s'en va et l'impatience du voyageur qui rêve de ce qu'il y a au-delà de l'horizon.

Bernard Palissy dut les connaître, toutes ces sensations, mais la dernière dut, chez lui, primer les autres. Son ardente curiosité l'emportait en effet à voir encore, à voir toujours. Ce fut là pour lui le grand avantage de ce tour de France : il vit beaucoup, il sut résumer, classer ses observations et plus tard en profiter.

Rien ne lui était indifférent : terres, argiles, marnes, sels, engrais, glaces, pierres, métaux, plantes, animaux, mer, marais salants, sources, pluies, rochers, fossiles, pétrifications, c'est-à-dire l'histoire naturelle du globe tout entière, tout l'attirait, le retenait, lui fournissait une notion, lui donnait une pierre pour servir à l'édifice scientifique qu'il voulait élever.

Quand il revint ainsi transformé, la mémoire remplie, l'esprit exercé, il était un des hommes les plus savants de son époque et l'un des pré-

curseurs de la méthode expérimentale qui
triomphe aujourd'hui.

III

A Saintes. — La coupe émaillée

On ne sait à quelle époque Palissy s'établit
à Saintes, mais on l'y trouve vers 1538, marié,
père de famille, habitant hors la ville, au fau-
bourg des Roches, près d'un ruisseau bordé
d'aubiers.

Il vécut là de longues années, travaillant à
force pour soutenir sa famille, réparant les
vitraux, arpentant les terrains des Saintongeais; mais il y a des mortes saisons, de longues périodes pendant lesquelles l'ouvrier be-
sogneux cherche un moyen de sortir d'embarras,
pendant lesquelles l'artiste s'enfonce dans ses
rêveries.

Il ne va plus vagabonder dans les régions
inconnues à la recherche de la science et de la
fortune. Il reste où le destin l'a placé, se re-
cueillant, replié sur lui-même, n'essayant pas
de porter ses regards au delà de l'horizon res-

treint qui l'enserre, mais les tenant au contraire
obstinément baissés sur ce lambeau de terre
où il lui faut vivre et sur lequel il recommence
tous les jours son va et vient d'homme en-
fermé.

Il passe son temps libre dans le jardinet
attenant à sa maison, dans les rues, devant les
arcs romains, dans les prairies de Saintes qui
bordent la Charente, ou le long des rochers.

Il marche lentement, se penche pour étudier
le sol, ramasse une pierre ou un coquillage.
Il se prend d'amour pour les végétaux, s'irrite
contre les bûcherons qui « en coupant leurs
taillis, laissaient la serpe au tronc qui demeurait
en terre tout fendu, brisé et éclatté, ne se sou-
ciant du tronc, pourvu qu'ils eussent le bois…
Je m'émerveille, ajoute-t-il, que le bois ne crie
d'être ainsi vilainement meurtri ».

Il y a là une analogie avec les vers écrits
par Ronsard à la même époque :

Escoute, bûcheron (arreste un peu le bras),
Ce ne sont pas des bois que tu jettes à bas,
Ne vois-tu pas le sang lequel dégoutte à force,
Des Nymphes qui vivaient dessous la dure escorce ?

Il passe de longues heures à suivre l'eau
courante du ruisseau voisin de son habitation,
écoutant la voix claire de la source, regardant

l'eau qui rit sous les éclaboussements d'or du soleil, observant le petit monde des animaux qui s'agitent dans les herbes et la transparence de l'eau.

Il parle peu, réfléchit beaucoup. Il connaît pourtant à Saintes quelques personnages ; Pierre Guoy, bourgeois et échevin, lui fait présent de coquillages curieux. Plus tard il se liera avec des partisans de la réforme religieuse; le solitaire deviendra l'apôtre et le propagateur d'une foi nouvelle.

Il joignit, à un moment donné, à ses occupations, celle d'arpenteur-géomètre juré.

« L'on pensait, dit-il, que je fusse plus savant en l'art de peinture que je n'étais, qui causait que j'étais plus souvent appelé pour faire des figures pour les procès. »

Ce fut heureux pour lui. La vitrerie tombait en discrédit.

Le protestantisme naissant qui ne décorait pas ses temples, affectait l'austérité, et voulait, après la mise en scène du catholicisme comportant toutes les splendeurs de l'art, innover la mise en scène de la simplicité, n'était pas très favorable à l'art du peintre verrier.

Les fonctions d'arpenteur juré, bien rétribuées, vinrent à point pour aider Bernard à élever sa famille et servir ses projets d'inventeur, car il eût été « bien aise, a-t-il écrit, de laisser quelque profit ou faire quelque service » au pays de son habitation.

Ce fut alors que l'idée qui s'empara en maîtresse de toute sa vie jaillit de son cerveau et que l'occasion s'offrit.

Vers 1539 ou 1540, Palissy eut en sa possession, ou plutôt vit, chez un collectionneur, une coupe de terre émaillée.

Voilà le point de départ de ses recherches, la cause première de ses misères et de sa gloire.

Laissons-le lui-même nous raconter, avec son enthousiasme et sa simplicité, sa rencontre avec cette coupe de terre :

« Sache qu'il me fut montré une coupe de terre, tournée et émaillée, d'une telle beauté, que, dès lors, j'entrai en dispute avec ma propre pensée, en me remémorant plusieurs propos qu'aucuns m'avaient tenu en se moquant de moi lorsque je peignais les images. Or, voyant que l'on commençait à les délaisser au pays de mon habitation, aussi que la vitrerie n'avait pas grande requête, je vais penser que si j'avais trouvé l'invention de faire des émaux, je pourrais faire des vaisseaux de terre et autre chose de belle ordonnance... et, dès lors, sans avoir égard que je n'avais nulle connaissance des terres argileuses, je me mis à chercher les émaux, comme un homme qui tâte en ténèbres. »

Quelle était cette œuvre qui suggéra à Palissy de réinventer l'émail ? Il existe autant de suppositions que d'historiens. On a parlé d'une porcelaine orientale, d'une faïence d'Oiron ou de Nuremberg, d'une majolique d'Urbino, de Faenza ou de Castel-Durrante. Toujours est-il que Bernard, dès ce jour, n'eut pas de repos qu'il n'eût découvert ce qu'il cherchait : l'émail, c'est à dire une pâte recouvrant un objet, vase ou plat de terre, se vitrifiant au feu, rendu opaque par l'addition d'oxyde d'étain coloré par divers autres oxydes métalliques. Rien de moins commode : aucune indication, les procédés étaient tenus secrets. Bernard fit plusieurs expériences sur lesquelles nous reviendrons dans un prochain chapitre, achetant des vaisseaux de terre, mélangeant les matières qu'il croyait devoir entrer dans la composition de l'émail. Il n'arrivait à aucun résultat, faute de loisir, faute d'argent.

Le temps passait ; ses charges s'accroissaient ; il voyait fuir le but désiré.

Il était sans ressources, travaillant à force, mécaniquement, la pensée ailleurs, voyant envoler ses illusions une à une, n'espérant plus rien de l'avenir, désespéré ou résigné, quand un événement inattendu vint raviver ses espérances.

IV

La perception d'un impôt au XVIᵉ siècle

Au mois de mai de l'année 1543, François Iᵉʳ rendit, à Saint-Germain, un édit ordonnant l'établissement de la gabelle en Saintonge. François Iᵉʳ aimait les galas, les soupers, les tournois, les danses, les joutes et promenades sur l'eau, les œuvres d'art et les jolies femmes : tout cela coûte cher. Le moyen qui s'imposa immédiatement pour trouver de l'argent fut d'en demander aux populations maritimes de l'Océan, aux sauniers et aussi aux gens de ville et des champs qui ont l'habitude de saler leurs aliments. Exploiter cette habitude était tout indiqué. Frapper d'un contrôle la production illimitée et gratuite de l'Océan était ingénieux.

On soumit donc à un impôt écrasant — trente livres tournois par muid, 60 francs par 25 hectolitres — le Poitou, l'Aunis, la Saintonge.

Mais ce n'est pas tout que d'établir un impôt, il faut le percevoir.

Aujourd'hui cela se fait assez paisiblement par l'entremise d'un employé qui se présente, une feuille à la main, chez les contribuables, et d'un percepteur assis derrière un guichet dans un bureau orné de livres verts et de casiers méthodiquement rangés. Mais voici comment l'on procédait parfois sous le roi François Ier, dit le Père des lettres, sans doute parce qu'il fit brûler un imprimeur. Les commissaires venant pour faire exécuter l'édit royal ayant été fort mal reçus et s'étant vu refuser avec l'impôt salin le sel même de l'hospitalité, on envoya en Saintonge les singuliers percepteurs suivants qui firent leur entrée à Saintes dans un appareil bien fait pour donner confiance aux populations :

Le général Boyer.

Le gouverneur du Poitou, Louis III, duc de la Trémoïlle, vicomte de Thouars, comte de Taillebourg.

Un corps d'infanterie, des lances et des cavaliers.

Tout ce monde, casqué, cuirassé, l'épée au flanc ou le mousquet à l'épaule, montant des chevaux bardés de fer et caparaçonnés, traînant des couleuvrines allongeant leur cou de

Le visage empreint d'une inguérissable mélancolie, il se hasardait à aller par les rues (page 26).

bronze et leur gueule fine entre les affûts, entra dans la ville avec un effroyable tinta-marre, toute cette ferblanterie sautant sur le pavé avec un bruit de tonnerre.

On prépara à la fois des mesures belliqueu-ses et une comptabilité en règle. On campa et on ouvrit des bureaux. On fit deux plans de campagne : l'un concernant les mesures stra-tégiques utiles au triomphe de l' « ordre », l'autre établissant la situation et la superficie des marais salants pour servir de base à la répartition de l'impôt.

La pacification opérée après des troubles, des résistances, des émeutes, un soulèvement à la Rochelle, que le roi en personne daigna venir réprimer à coups de mousquets, on pensa à la seconde partie du travail, et l'on se mit en quête d'arpenteurs géomètres pour dresser une carte de l'impôt.

Palissy fut choisi et partit avec la commis-sion d'enquête pour explorer le littoral et les îles.

Ce voyage eut pour lui de grands avantages et d'excellentes conséquences. Observateur comme il l'était, de plus en plus avide de science, il note, comme dans ses précédentes pérégrinations, tous les faits intéressants, à quelque ordre qu'ils appartiennent ; il travaille pour sa collection, entasse des documents dans sa mémoire.

Dans l'île d'Oléron, il ramasse des oursins fossiles ; dans les îles et sur la côte, il observe les pluies, constate que les eaux tendent constamment à remonter au niveau de leur source, et déduit de ses observations la théorie des puits artésiens. Chemin faisant, il hasarde des hypothèses géologiques qui n'ont pas encore été démenties ; heureux de recommencer ses études, il passe en revue les argiles, les minéraux, les végétaux qu'il rencontre et prépare ainsi les notes de ses ouvrages futurs.

Ce n'est pas tout. Les travaux accomplis furent assez rétribués à Palissy pour qu'il se mît immédiatement en mesure de recommencer ses tentatives de découverte de l'émail. Il se voit affranchi pour quelque temps des soucis matériels de l'existence ; la chimère attirante lui sourit et l'appelle : il se hâte de revenir à Saintes, passionné, résolu.

Il veut réussir, il réussira.

V

L'Inventeur. — Les misères

Il réussit en effet, mais au prix de quels efforts, de quels ennuis, de quelles douleurs ! Quelle patience, quelle énergie, quelle volonté il lui fallut ! Quels obstacles il eut à vaincre : mauvaise humeur de sa femme, jalousie et mépris de ses voisins, inexpériences, et surtout ce terrible manque d'argent qui ne lui permettait pas d'établir pratiquement ce qu'il voyait en pensée !

Eh bien ! tout cela il le vainquit ; mais la lutte dura quinze années, de 1540 à 1555.

C'est cette douloureuse histoire que nous allons raconter, en suivant pas à pas la narration que Bernard a laissée sous le simple titre de l'*Art de terre*, narration de quelques pages seulement, simple, précise, émouvante par le ton grave, mais exempt d'amertume, de l'homme qui raconte ses malheurs ; éloquente par le seul exposé des recherches incessantes, des réussites fugitives, des écroulements soudains, des espoirs toujours trompés et sans cesse renaissants.

C'est là un chef-d'œuvre, vécu, vivant, qui prend sur le fait uue pensée frémissante, une volonté agissante, qui nous montre un homme blessé et saignant, sans cesse vaincu, jamais découragé, et finissant par triompher de tout parce qu'il le voulut fermement.

Le potier de terre, l'artisan infatigable s'est placé d'un coup, par ce récit si profondément humain, par cette analyse si sincère, parmi les grands prosateurs du XVIe siècle.

Au début de son *Art de terre*, Palissy, après avoir énuméré les qualités nécessaires à celui qui veut entreprendre un tel labeur, dit qu'il faut surtout « avoir du bien ».

Cela lui avait été démontré par une dure expérience.

Dès le début, il dut sacrifier, pour subvenir aux premiers frais, tout ce que lui rapportaient ses bonnes aubaines d'arpenteur juré, c'est-à-dire les économies de sa maison, l'embellissement de son intérieur, l'éducation de ses enfants.

Il se mit à broyer et à piler ensemble toutes les matières qui lui semblaient devoir produire l'émail. Puis, achetant une grande quantité de pots de terre qu'il mettait en pièces, il recouvrait les fragments de ces pots des compositions obtenues. Accomplissant plusieurs expériences à la fois, il variait ces compositions et les doses des matières, puis ayant marqué les tessons, il les mettait cuire dans un fourneau qu'il avait construit lui-même.

Mais ne sachant à quel degré le four devait être chauffé, à quel degré aussi toutes ces matières diverses devaient entrer en fusion, les retirant ou trop peu cuites ou brûlées, il passa ainsi plusieurs années, pilant de nouvelles matières, construisant de nouveaux fourneaux « avec tristesse et soupirs » sans arriver à ce résultat : l'émail blanc, dont devaient découler tous les autres.

Ne pouvant arriver à régler le feu, croyant que là était la cause de son insuccès, il couvrit un jour d'émail trois ou quatre cents pièces et les envoya à une poterie distante d'une lieue et demie de sa demeure, en demandant aux potiers de vouloir bien les cuire en même temps que leurs vaisseaux de terre, ce à quoi ils consentirent.

Bernard envoya ainsi plusieurs fois au four des compositions nouvelles, et chaque fois sans résultat.

Désolé, confus, ne sachant à quoi attribuer

cet insuccès : au feu trop faible, au mauvais enfournement ou à un choix malheureux des matières, il s'arrêta quelque temps et retourna à la peinture et à la vitrerie.

Ce fut à ce moment que les commissaires venus pour établir la gabelle en Saintonge chargèrent Bernard de lever les plans des marais salins.

Muni d'argent, de retour chez lui, il recommença ses expériences. Cette fois, il porta ses pièces à une verrerie dont les fours étaient plus chauds que ceux des potiers et eut la joie de voir le lendemain qu'une partie de ses compositions avait commencé à fondre. Il crut toucher à l'émail blanc. Hélas ! pendant deux ans, il porta ses fragments de pots recouverts de pâte aux fours des verriers, et pendant deux ans il vit sans cesse fuir devant lui le but poursuivi. Enfin, au moment où il commençait à perdre courage, il se trouva, sur une fournée de trois cents pièces, une épreuve qui fondit après trois heures de cuisson, et qui était, dit Bernard, « blanche et polie, de sorte qu'elle me causa une joie telle que je pensais être devenu nouvelle créature. »

Bernard voulut alors recommencer l'expérience sur des vases entiers, dans des conditions normales, afin de fixer définitivement la dose de matière, le degré de feu, la durée de la cuisson. Cette expérience à laquelle il consacra toutes ses ressources, il la prépara longtemps à l'avance, par un labeur extraordinaire qui semble devoir excéder les forces humaines.

Huit mois furent d'abord employés à façonner les vases de terre qui lui étaient nécessaires. Puis cet homme qui était déjà peintre verrier, géomètre, potier, se fit maçon. Il construisit, seul, dans son jardin, un four, semblable à ceux des verriers. Pendant de longs jours, courbé sous le fardeau, brisé de fatigue, il transporta des briques, tira de l'eau, détrempa le mortier, maçonna les murs.

Les vases cuits en première cuisson, il lui fallut travailler plus d'un mois, jour et nuit, pour broyer les matières qui lui avaient donné ce beau blanc au fourneau des verriers. Les matières broyées, les vases couverts, et placés dans le four, il mit le feu par les deux gueules ainsi qu'il l'avait vu faire, et attendit.

Il attendait en vain, l'émail ne fondait pas. Six jours et six nuits, il resta devant ce fourneau, le bourrant de bois, penché, anxieux. L'émail ne fondait pas.

Désespéré, ne sachant que faire et que devenir, il s'avisa tout à coup, qu'il n'avait pas fait entrer en quantité suffisante dans la com-

position, une matière qui devait faire fondre les autres.

Alors, sans laisser refroidir son fourneau,

il se mit à piler et broyer cette matière. Mais il ne pouvait songer maintenant à se servir encore de ses vases ; il alla en acheter d'autres, les recouvrit de matière, les plaça dans le four.

Un autre malheur l'attendait : le bois manquait. Où trouver encore de l'argent ? a-t-il seulement le temps d'aller chercher d'autre bois ? son fourneau refroidit déjà. Il s'éteindra et ses efforts seront perdus.

Il ne faiblit pas dans ce moment suprême. Il court dans son jardin, arrache les étais, les piliers, les balustrades, les jette dans le fourneau. Le feu reprend et gronde de plus belle, mais l'émail ne fond pas et le bois diminue.

Palissy jette dans la gueule embrasée et avide tout ce qui lui tombe sous la main : ses tables, ses chaises…, tous les meubles y passent. L'émail ne fond pas.

Exaspéré, fiévreux, mais splendide de courage et de volonté, il se jette sur le plancher de sa maison, et avec des outils, avec les doigts, l'arrache, le jette au feu.

C'est le dernier effort, mais il a réussi : l'émail fond. Bernard tombe, épuisé, mais vainqueur. Il y avait plus d'un mois que sa chemise n'avait séché sur lui.

A la porte, se pressaient les voisins, regardant de loin cet homme se démener dans cette

fournaise comme un démon ; puis ils se répan-
dent dans la ville, criant que Palissy était
devenu fou et qu'il faisait brûler le plancher.
Il laissait dire, stoïque dans son isolement, ne
recevant de ceux qui l'approchaient qu'injures
et railleries, ne trouvant même pas d'appui
chez la compagne qu'il avait choisie pour tra-
verser la vie.

Cette femme dont Palissy parle fort peu d'ailleurs et avec un accent de rancune très marqué,
semble avoir été une aigre bonne femme, une
ménagère acariâtre, n'ayant que mépris et
sarcasmes pour toutes ces rêveries qui ne faisaient pas entrer un sou vaillant dans la maison ; et n'avait-elle pas raison, d'ailleurs, tout
autant que Palissy ? Elle dut, en revanche, et
ceci vengea amplement Palissy, avoir la plus
vive admiration pour les résultats de ces rêveries : la fortune et la gloire de son mari. Le
premier au moins de ces deux termes était fait
pour la toucher.

Pour le moment, elle faisait sa partie de pie
grièche dans ce chœur de niais et d'envieux
qui assourdissait le pauvre grand artiste.

Les uns disaient qu'il cherchait à faire de
la fausse monnaie et que ce souci le faisait
sécher sur pied ; les autres qu'il ferait mieux
de payer ses dettes et de retirer ses deux en-

fants de chez la nourrice qu'il ne payait pas;
d'autres encore, que c'était bien fait s'il mou-
rait de faim puisqu'il délaissait son métier. Il
entendait tout cela quand, chancelant, amaigri
à faire peur, le visage empreint d'une inguérissable mélancolie, il se hasardait à aller par
les rues, honteux, la tête baissée, rasant les
murs. Il en était même arrivé, pour respirer à
l'aise, à ne sortir qu'à l'heure du crépuscule,
quand le soir tombe, éteignant peu à peu les
lueurs mourantes du jour.

VI

L'inventeur — Les misères

(Suite)

Ce n'était pas au jour où Palissy touchait
au port que son courage devait l'abandonner.
Il avait trouvé l'émail, il s'agissait maintenant
de perfectionner les procédés et de produire
assez de belles pièces pour convaincre ses
détracteurs, porter la céramique à un point
non encore atteint, et aussi, faire vivre sa
femme et ses enfants.

Il faut insister sur ce point : chez Palissy, comme chez beaucoup de chercheurs devenus des inventeurs de génie, il n'y eut pas seulement comme mobiles la curiosité de l'inconnu, l'amour passionné de la science, l'orgueil naissant de la difficulté vaincue, il y eut aussi la grande, la terrible Nécessité, avec son cortège de misères, qui talonne les hommes, précipite leur marche, les fait partir pour les contrées inconnues, les force à travailler et à trouver.

Il y eut pour Palissy, comme pour bien d'autres, le désir d'assurer la vie à la créature qui partageait son sort ; elle maudissait le présent, il voulut lui préparer l'avenir ; il y eut le souci de l'existence de ces petits êtres, têtes blondes ou brunes aux yeux naïfs, auxquels il voulut rendre douce cette vie qu'il leur avait donnée ; il y eut aussi, certes, pour lui, comme pour eux, ces soucis matériels de l'existence : le besoin, la faim, le désir légitime d'organiser sa vie, d'avoir une maison close et un jardin fleuri.

Mais n'y eut-il que cela ? Non, le potier Saintongeais l'a dit lui-même, il voulut rendre service à son pays. Reconnaissons qu'il s'y prit bien et qu'il y réussit.

Par lui la céramique française, déjà éclatante par les fabriques de Normandie et d'Oiron prit un nouveau lustre, acquit une suprême originalité. Grâce à lui aussi, l'emploi de la vaisselle peinte et émaillée se vulgarisa : dans l'armoire du paysan comme sur le dressoir du bourgeois, les plats et les vases ornés de feuilles et de fleurs, d'ornements ingénieux, d'animaux éclatants de couleurs, et bizarres d'allures, vinrent mettre la gaieté de leur coloris et l'élégance de leurs lignes.

Pour la créer, cette vaisselle, pour trouver ces formes et ce coloris, il restait encore à Palissy à vaincre nombre d'épreuves. Il alla au combat avec courage ; écoutez plutôt ces paroles simples et touchantes de ses mémoires : « Quand je me fus reposé un peu de temps avec regrets de ce que nul n'avait pitié de moi, je dis à mon âme : Qu'est-ce qui t'attriste, puisque tu as trouvé ce que tu cherchais? travaille à présent et tu rendras honteux tes détracteurs. »

Il travailla en effet, et voulant gagner du temps, prit un potier pour l'aider ; il lui confia la fabrication de ses vaisseaux et s'occupa pendant ce temps de mener à bien quelques médailles. Mais ce fut là pour lui une source d'ennuis. La misère régnait chez lui en maîtresse ; mangeant à peine et ne se soutenant

que par un effort de son énergique volonté,
il ne pouvait faire partager à son ouvrier son
maigre ordinaire et le nourrissait dans une
taverne voisine, à crédit. Enfin au bout de six
mois, il dut le congédier en lui donnant,
faute d'argent, une partie de ses vêtements
pour salaire.

Les vases étaient prêts ; restait à construire
un fourneau. Les matériaux manquaient. Il
prit le parti de défaire celui qu'il avait construit
sur le modèle des fourneaux de verriers. Le
mortier et la brique de ce four s'étaient, par
suite de l'épouvantable chaleur à laquelle ils
avaient été soumis, liquéfiés et vitrifiés : Bernard se mit les mains en sang, se coupa les
doigts et dut rester inactif pendant quelques
jours.

Il construisit alors l'autre fourneau, recom-
mençant ses voyages, portant l'eau, charriant
le mortier et la pierre « sans aucun aide et
sans aucun repos. »

Il passa plusieurs jours à piler les matières
composant l'émail, les broyant dans un moulin
à bras, mû ordinairement par deux hommes
vigoureux ; « mais le désir que j'avais de par-
venir à mon entreprise, dit Palissy, me faisait
faire des choses que j'eusse estimées impos-
sibles. »

Les couleurs broyées, l'émail obtenu, il en couvrit ses vases et ses médailles, les plaça dans le fourneau, comptant bien retirer de sa fournée trois ou quatre cents livres.

Le lendemain, une cruelle déception l'attendait : les cailloux dont le mortier du four était criblé s'étaient détachés sous l'influence du feu et étaient entrés dans l'émail, encore à l'état gluant. Bernard avait perdu son temps et son argent ; sa fournée lui coûtait « plus de six-vingts écus. » Il avait emprunté le bois, la terre de ses vases ; il devait sa nourriture aux petits détaillants du voisinage. Il avait tenu en espérance ses créanciers en leur parlant de la fournée entreprise ; plusieurs accoururent, au moment où il retirait ses pièces du four. Les exclamations de colère, les quolibets, les reproches vinrent augmenter la honte du malheureux potier, retirant l'une après l'autre ces pièces qu'il aurait voulu merveilleuses et qui, hérissées de petits cailloux, étaient lamentables à voir.

N'importe, quelques-uns l'engagèrent à les vendre, d'autres lui proposèrent de lui en acheter. Bernard trouva que c'eût été un « décriement et rabaissement » de son honneur. Il saisit vases, plats, médailles et les brisa sur le sol.

Malade, anéanti, il se coucha, n'entendant que reproches et malédictions dans sa maison, que railleries sous ses fenêtres : « C'est un fol, » disaient ses voisins.

Il connut la douleur dans ce qu'elle a de plus aigu, le découragement dans ce qu'il a de plus accablant.

Quand il fut resté quelque temps au lit et qu'il eut, comme il le dit, considéré en lui-même que le devoir d'un homme tombé en un fossé est de tâcher de se relever, il se remit à faire quelques peintures, et gagna ainsi un peu d'argent.

Il paya sans doute ses dettes, puis prépara une nouvelle fournée.

Un accident à peu près semblable au premier lui arriva encore : des cendres tombèrent sur les pièces et se mêlèrent à l'émail. La nécessité lui fit trouver le remè... il inventa des « lanternes de terre » dans lesquelles il plaça ses pièces qui furent ainsi garanties. Ces manchons sont encore employés aujourd'hui par les porcelainiers sous le nom de *casettes*.

Palissy relate d'autres accidents qui lui apprirent son métier : « Aucunefois ma besogne était cuite sur le devant et point cuite à la partie de derrière... Aucunefois mes émaux étaient mis trop clairs, et autrefois trop épais..... Aucune fois que j'avais dedans le four diverses couleurs d'émaux, les uns étaient

brûlés premier que les autres fussent fondus. Bref, j'ai ainsi *bastelé* l'espace de quinze à seize ans ; quand j'avais appris à me donner garde d'un danger, il m'en survenait un autre, lequel je n'eusse jamais pensé. »

Enfin, il réussit, il trouve « moyen de faire quelques vaisseaux entremêlés en manière de jaspe, » et il constate avec orgueil que cela peut enfin le nourrir.

Ce fut alors, cherchant toujours le mieux, qu'il invente les pièces rustiques, vases et plats ornés de végétaux et d'animaux moulés qui, à sa renommée d'inventeur, devaient ajouter celle de grand artiste. Là encore, il chercha longtemps la perfection : le vert des lézards était brûlé avant que la couleur des serpents fût fondue ; les matières colorantes des serpents, écrevisses, tortues, cancres, fusibles à des degrés différents, se nuisaient l'une à l'autre ou arrivaient à point avant l'émail blanc.

Tout cela lui fatigua tellement l'esprit et le corps qu'il alla, dit-il, « jusqu'à la porte d sépulcre. » En dix ans, il était devenu d'une maigreur extrême ; on l'aurait pris pour un spectre, quand, seul et morose, pensant à se misères, il s'en allait promener dans les prairies de Saintes, fuyant, pour ne pas perdre tout courage, sa maison devenue un enfer, sa femme qui l'invective et ses enfants qui pleurent, évitant ses voisins, « méprisé et moqué de tous. »

Le malheureux était à peine sorti d'un ennui qu'il tombait dans un autre. Il commençait à gagner beaucoup d'argent, quand l'hiver arriva, et avec lui la gelée, les vents, les pluies, l'eau des gouttières qui, pénétrant dans la masure délabrée où étaient ses fourneaux, lui gâtaient son œuvre en cuisson. Il lui fallut emprunter des lattes, des tuiles, des clous, pour réparer les toitures et les cloisons, et à leur défaut boucher les trous avec du lierre et des branchages.

Gagnant davantage, il défaisait cet ouvrage grossier pour faire de plus sérieuses réparations. Alors les artisans d'alentour, les chaussetiers, les cordonniers, clabaudaient avec les sergents, les notaires et le groupe édenté, médisant, fielleux, sifflant comme un nœud de vipères que Palissy appelle énergiquement « un tas de vieilles. » Ils disaient que le fou ne savait ce qu'il voulait, qu'il passait son temps à faire et à défaire, etc... Pendant ce temps Bernard employait « les choses nécessaires à sa nourriture pour ériger les commodités requises à son art. »

Il souffrait pourtant, malgré son courage stoïque. Ecoutez-le :

«... Et, qui pis est, le motif desdites moqueries et persécutions sortait de ceux de ma

maison, lesquels étaient si éloignés de raison,
qu'ils voulaient que je fisse la besogne sans
outils, chose plus que déraisonnable. Or, d'autant plus que la chose était déraisonnable,
d'autant plus l'affliction m'était extrême. J'ai
été plusieurs années que n'ayant rien de quoi
faire couvrir mes fourneaux, j'étais toutes les
nuits à la merci des pluies et vents, sans avoir
aucun secours, aide ni consolation, sinon des
chats-huants qui chantaient d'un côté et les
chiens qui hurlaient de l'autre; parfois il se
levait des vents et tempêtes qui soufflaient de
telles sortes le dessus et le dessous de mes
fourneaux, que j'étais contraint quitter là tout
avec perte de mon labeur; et me suis trouvé
plusieurs fois qu'ayant tout quitté, n'ayant
rien de sec sur moi, à cause des pluies qui
étaient tombées, je m'en allais coucher à la
minuit ou au point du jour, accoutré de telle
sorte comme un homme que l'on aurait traîné
par tous les bourbiers de la ville; et en m'en
allant ainsi retirer, j'allais bricollant sans
chandelle, et tombant d'un côté et d'autre,
comme un homme qui serait ivre de vin, rem-
pli de grandes tristesses : d'autant qu'après
avoir longuement travaillé je voyais mon labeur perdu. Or, en me retirant ainsi souillé et
trempé, je trouvais en ma chambre une se-

conde persécution pire que la première qui me fait à présent émerveiller que je ne suis consumé de tristesse. »

VII

Les rustiques figulines

Maintenant, cette longue, pénible et admirable lutte était terminée ; tous les obstacles avaient été vaincus par l'énergie, par la patience de Palissy ; son extraordinaire volonté était triomphante.

Tour à tour il avait trouvé l'émail blanc, puis les poteries jaspées de blanc, de brun, de bleu, et enfin, les émaux colorés.

Il avait produit ces plats et ces vases qu'il nomma les « rustiques figulines », pièces uniques, merveilles de l'art faïencier français, égales, sinon supérieures aux plus remarquables spécimens de l'art italien.

A quels principes obéit-il pour créer ces « rustiques figulines » et que sont-elles ? Nous pouvons l'indiquer en peu de mots.

Pour orner la terre façonnée par lui, ce

réaliste, Bernard Palissy, s'avisa de demander des motifs décoratifs à la faune et à la flore qui l'environnaient.

Pendant ses promenades à travers les marais du bord de la mer, le long de la Charente et des ruisseaux de Saintonge, il regardait, il observait le grouillement du monde animal qui vit dans les eaux et la végétation humide des rochers et des rives.

Il restait, attentif et silencieux, contemplant les allées et venues des bestioles dans le creux d'une pierre ou sous les herbes. Il finit par savoir à merveille les allures, les habitudes des couleuvres grises glissant sans bruit sur le sol, des vipères passant leur tête plate entre les pierres, des lézards allant et venant brusquement dans tous les sens sur une pierre grise, ou s'arrêtant, le gosier gonflé, pour boire le soleil ; il connut les mouvements des poissons venant aspirer l'air à la surface de l'eau, ou partant comme des flèches à la poursuite d'une proie, avec des retours soudains, des exercices natatoires variés ; il vit les grenouilles sauter et tomber dans l'eau comme des pierres ; il vit se traîner dans la vase les écrevisses et les crabes et s'entr'ouvrir les coquillages.

Il nota les différences de couleurs dans

la végétation aquatique, depuis le rouge brun et le vert sombre des algues marines jusqu'aux pâleurs du saule.

Et ayant vu et appris tout cela, il le rendit tel qu'il l'avait vu.

Allez au Musée du Louvre pour la première fois, et vous vous arrêterez avec étonnement, entre les faïences italiennes et les faïences de la Renaissance française, devant des vases, des plats, des assiettes d'une décoration étrange.

O surprise ! il semble qu'autour de ces vases, de ces brocs, de ces saucières se soient enroulées d'elles-mêmes ces branches, ces plantes grimpantes, toutes fraîches et toutes fleuries. Il semble que ces assiettes, ces grands plats faits pour décorer une muraille ou pour être posés, remplis d'eau, sur une table, soient des creux de roche ou des bandes de terre baignées d'eau, que, par une impossible fantaisie, on aurait pu apporter là avec leurs habitants.

Voici des aiguières au bec en fleur d'iris ; des brocs sur la panse desquels se détachent des feuilles de laurier, des branches de groseilliers en fleurs.

Voici des plats : sur un fond de terrain coquillier se lovent ou s'allongent les couleuvres grises et brunes ; autour, dans un courant d'eau vive, filent les tanches, les perches, les brochets, les rougets ; sur le bord, dans le

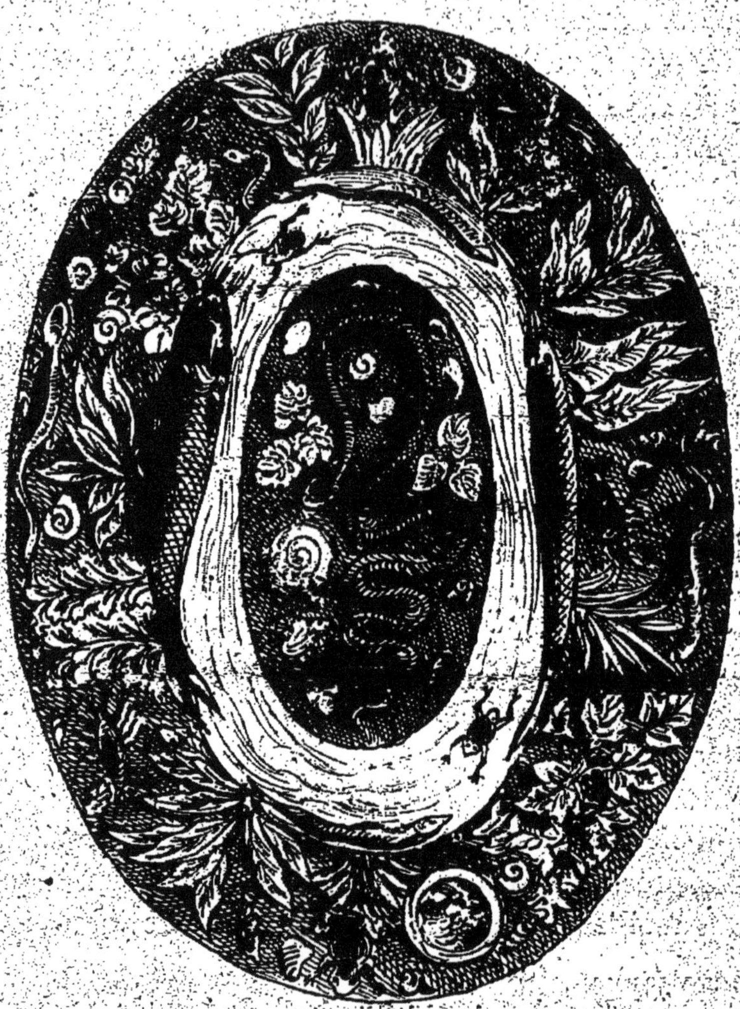

fouillis des herbes et des lierres, dans les verts délicats du cresson, des fraisiers d'eau,

des pourpiers, des fougères, courent les lézards, s'accroupissent les rainettes aux yeux
d'or...

L'émail a donné le vernis aux feuilles, le
brillant aux poissons, la nacre aux coquillages.
Attitudes et couleurs donnent l'impression
même de la vie.

Ce que nous avons sous les yeux, c'est un
coin de nature animée, avec le frissonnement
de ses feuilles et l'humidité de ses eaux.

Devant ces résultats, beaucoup demanderont
comment ils ont été obtenus, c'est-à-dire,
abstraction faite de l'œil, de la main, du goût
de l'artiste, quelles matières sont entrées dans
la composition de ces émaux et dans quelles
proportions?

On peut répondre à la première partie de
cette demande, Palissy nous ayant dit lui-
même que ses émaux étaient faits « d'étain, de
plomb, de fer, d'acier, d'antimoine, de saphre,
de cuivre, d'arène, de salicort, de cendre gra-
velée, de litarge et de pierre de Périgord. »

Mais il a eu beaucoup de mal à trouver la
dose de ces matières, et il se garde bien de
nous l'indiquer.

Il répond à celui qui l'interroge à ce sujet:

« Les fautes que j'ai faites en mettant mes

émaux en dose m'ont plus appris que non pas les choses qui se sont bien trouvées : par quoi je suis d'avis que tu travailles pour chercher ladite dose, aussi bien que j'ai fait, autrement tu aurais trop bon marché de la science, et peut-être que ce serait la cause de te la faire mépriser. »

Palissy nous semble vouloir nous abuser ici par de belles paroles et un excellent écrivain d'art, Duranty, a pu dire avec raison :

« Son livre est un livre de noble et légitime glorification personnelle, mais aussi de précaution personnelle, et qui montre non comment on fait la faïence, mais combien il est difficile d'en faire. S'il grandit l'homme d'un côté en faisant valoir son énergie, il ne laisse pas de trahir quelque petitesse de l'autre. »

C'est que Palissy savait qu'une chose répandue était une chose dépréciée ; il avait présents à l'esprit bien des exemples : les émaux de Limoges, les moulages de terre cuite, les gravures, etc., qui en tombant dans le domaine public avaient perdu la plus grande partie de leur valeur. Comme Lucca della Robia, il voulut transmettre le secret de l'émail à ses descendants, en faire le monopole de sa famille.

Il y réussit. Une circonstance fortuite vint

le mettre en lumière, et appeler sur lui, avec l'attention de tous, les commandes, les honneurs, la fortune.

Cette circonstance fut un malheur public.

La férocité avec laquelle agissaient les collecteurs du nouvel impôt sur le sel fit éclater à Bordeaux et en Saintonge une nouvelle révolte.

En 1548, Jonzac, puis le reste de la province s'insurgèrent. Une véritable armée commandée par un habitant de Barbezieux, Puymoreau, parcourut la contrée aux cris de : Mort aux gabelous ! Saintes fut enlevée par les insurgés, les faux-saulniers mis en liberté, les registres des gabelles brûlés et les percepteurs pendus.

De là, avec une armée grossissant sans cesse, Puymoreau se dirigea vers Cognac, puis vers Bordeaux, où la lutte fut sanglante.

Henri II ne s'épuisa pas l'esprit à chercher un remède à un aussi douloureux état de choses ; il ne se demanda pas si l'impôt était non pas même inique, mais excessif, si les Saintongeais pouvaient le payer ou non : il envoya immédiatement pour résoudre le problème celui que l'on appelait le connétable de fer, Anne de Montmorency.

Montmorency noya la révolte dans le sang.

Avec ses cavaliers bardés de fer et son artillerie, il eut vite raison de paysans mal armés.

La lutte finie, les supplices commencèrent. On exécuta tous ceux qui, de près ou de loin, avaient pris part au mouvement, dans la Guienne, l'Angoumois, la Saintonge, le Périgord. Le connétable, passant parmi les prisonniers en égrénant son chapelet, en désignait un certain nombre pour la pendaison ou les piques. « Dieu nous garde des patenôtres de Monsieur le Connétable ! » répétait-on partout avec effroi.

Cet homme de guerre se piquait d'aimer les arts. Quand il entra à Saintes, MM. de Pons, de Jarnac, de Burie, protestants comme Bernard qu'ils connaissaient depuis de longues années, le présentèrent au connétable, qui fut émerveillé à la vue des « rustiques figulines », et qui prit immédiatement leur auteur sous sa protection.

Ce fut sans doute à cette époque que le potier déménagea ; il alla habiter sur le quai actuel des Récollets et installa son atelier dans une des tours qui formaient les fortifications de Saintes. On croit que ce fut Montmorency qui fit les frais de cette installation, et l'on est autorisé à le croire, car il fit à Palissy d'importantes commandes.

Le connétable faisait alors travailler au château d'Ecouen, où figuraient déjà de nombreux travaux peints et sculptés d'artistes italiens et français. Il voulut y joindre des faïences émaillées : — revêtements de murailles, mosaïques, vases, grottes rustiques, — exécutées par Palissy.

Non seulement Palissy construisit pour les jardins d'Ecouen une grotte en terre cuite ornée de sculptures émaillées et quantité d'ouvrages pour l'intérieur du château, mais encore, reprenant son ancien métier, il exécuta deux vitraux que l'on voit aujourd'hui au Musée de Cluny ; l'un porte les armes de France et la salamandre de François Ier ; l'autre, le chiffre du connétable soutenu par deux griffons.

Palissy éleva encore d'autres grottes rustiques, à Reux, en Normandie, à Chaulnes et à Nesles, en Picardie, etc. Les travaux affluaient chez lui pour une raison bien simple : il était à la mode. Comme Montmorency, beaucoup voulaient avoir chez eux des « rustiques figulines » exécutées par le potier Saintongeais.

C'est ainsi qu'aux temps monarchiques la fantaisie des grands seigneurs faisait parfois vivre l'artisan.

VIII

Persécutions

Palissy put se croire heureux pendant les années qui suivirent ; il travaillait, voyait grandir ses enfants, et ne soupçonnait pas que le malheur allait de nouveau s'abattre sur lui.

La persécution ne vint pas cette fois des choses, des difficultés à vaincre, du manque de loisir et d'argent. Elle vint des hommes, elle vint de l'Eglise.

Palissy avait, avec toute sa famille, embrassé la religion protestante. Homme de mœurs austères, très rigide, très convaincu, il avait vu avec joie venir la Réforme qu'il croyait capable de mettre un terme au spectacle scandaleux offert par l'Eglise catholique.

La vie d'orgies menée par les prélats, le faste déployé par ces représentants de Jésus-Christ né et mort dans la misère, le trafic des évêchés et des abbayes et la vente des indulgences qui faisaient de l'Eglise une maison de commerce, etc., écœuraient depuis longtemps

tous les gens sincères. Un très petit nombre
sut rompre définitivement avec les faiseurs de
miracles et prendre pour seuls guides la raison et la solidarité humaines ; beaucoup ne
firent que changer d'erreur et quittèrent une
religion pour une autre, le catholicisme pour
le protestantisme.

Les protestants furent persécutés, c'est vrai ;
nous ne l'oublions certes pas, et la conscience
humaine protestera toujours contre les ou-
trages et les supplices qu'on leur infligea.
La Saint-Barthélemy et les Dragonnades reste-
ront éternellement la honte de ceux qui les
ordonnèrent et de ceux qui les exécutèrent.
C'était le droit des protestants de se séparer
de l'Eglise et d'interpréter comme ils l'enten-
daient la Bible, ce livre qui peut être inter-
prété de tant de façons différentes ; ils eurent
raison de revendiquer hautement le droit de
penser à leur guise et ils servirent par leur
résistance et par leurs malheurs la grande
cause de la liberté humaine.

Mais n'oublions pas non plus que, tout puis-
sants, ils commirent autant d'injustices, d'iniquités, de crimes que les catholiques. Dans les
pays protestants on tua, on bannit les catholiques et les libres-penseurs, comme les catholiques avaient tué et banni les protestants et

les libres-penseurs. (Les libres-penseurs sont de toutes les fêtes.) Que l'on pense à l'intolérance, au despotisme religieux qui ont régné et qui règnent encore en Amérique et en Angleterre !

Au bandit catholique : Montluc, que l'on oppose le bandit protestant : le baron des Adrets. Devant Coligny assassiné par les Guises, que l'on évoque le bûcher sur lequel Calvin a fait brûler Michel Servet.

Quand on pensera ensuite aux odieux traitements dont les protestants ont été victimes, plus on trouvera ces traitements odieux, plus l'on s'étonnera, plus l'on s'indignera qu'après avoir été à ce point persécutés, les protestants soient devenus à ce point persécuteurs.

Cela dit, il ne nous reste que des éloges à donner à Bernard Palissy qui fit preuve dans les crises qu'il traversa, de la plus grande noblesse de caractère, de la plus grande fermeté d'esprit.

Dès le début de l'établissement de la Réforme en Saintonge, il prit une part très active à son développement ; attaquant, raillant les moines, les prêtres et leurs prédications, dénonçant leurs abus.

Il se lia très intimement avec Philibert Hamelin, ex-prêtre devenu imprimeur, qui répandait des Bibles par le pays, et Antoine

Une nuit des archers conduits par des officiers de justice arrêtèrent Palissy (page 67).

de Pons, seigneur protestant qui devait plus tard passer au catholicisme.

La foi de Bernard ne fit que s'ancrer plus profondément par le supplice d'Hamelin, étranglé et brûlé à Bordeaux, le 18 avril 1557 ; quoique surveillé, il réunissait des huguenots dans sa maison, les exhortait et les prêchait, ce qui le fit passer aux yeux de quelques-uns, pour un ministre calviniste.

Malgré la guerre civile qui éclata, malgré la sévérité déployée par les Parlements, Palissy ne fut pas inquiété à cette époque.

Il put même croire, lors de l'édit de 1562, qui permettait aux protestants de tenir des assemblées, qu'on arriverait à la pacification ; mais le massacre de Wassy (1er mars 1562) vint ranimer les haines et faire éclater la guerre. On ne tarda pas à faire revivre l'édit de 1559 qui punissait de mort le crime d'hérésie et défendait aux juges de modérer la peine.

Le Parlement de Bordeaux ordonna l'exécution de cet édit dans son ressort.

Palissy sauva un grand nombre de ses coreligionnaires en les cachant et en leur fournissant les moyens de quitter le territoire. Le duc de Montpensier, commandant des troupes royales, lui avait donné une sauvegarde, et le

comte de Larochefoucauld avait déclaré son
atelier un lieu de franchise.

Cela fut inutile. Une nuit, des archers, conduits par des officiers de justice, envahirent
l'atelier, arrêtèrent Palissy et le conduisirent
en prison.

Le lendemain matin, la foule accourut, brisa
les portes et se répandit dans la demeure du
potier. Le Corps de ville se réunit et décida que
l'atelier, qui avait servi de lieu de réunion aux
huguenots, serait détruit. Les protecteurs de
Bernard s'émurent, demandèrent sa liberté ;
rien n'y fit ; tout ce qu'ils purent obtenir, ce
fut que la démolition de l'atelier serait ajour-
née.

Pour éviter de nouvelles réclamations, pour
soustraire les juges de Saintes aux obsessions
des amis du prisonnier, on fit, de nuit,
transférer celui-ci à Bordeaux.

Cela était significatif, et pouvait faire con-
sidérer la sentence de mort comme rendue;
son exécution n'était plus qu'une question de
temps.

Ce fut le connétable de Montmorency qui
sauva Bernard en lui faisant donner, par l'entremise de Catherine de Médicis, le brevet
d' «inventeur des rustiques figulines du roy et
de la royne, sa mère » : Bernard échappait

ainsi à la juridiction du Parlement de Bordeaux.

Il revint chez lui et recommença à mouler des bestioles, à cuire des émaux. Ce fut alors une période de calme et de douceur comme il n'en connut peut-être jamais. Sa vie était assurée maintenant ; la fièvre de la production pour vivre l'avait quitté ; il pouvait travailler à ses heures et avait un placement assuré de son travail.

Son art, son savoir, ses opinions religieuses avaient peu à peu formé autour de lui un cercle d'amis. On se réunissait volontiers dans son atelier, et là, dans de longues causeries, ces personnages dont Palissy a esquissé les portraits dans ses œuvres, dissertaient sur les sciences, se communiquaient ce qu'ils avaient découvert, étalaient leur érudition, récitaient des poésies qu'ils avaient composées.

Il y avait là un avocat, Babaud ; deux médecins, Pierre Lamoureux et Nicolas Alain ; Pierre Goy, maire de Saintes, et poëte ; Pierre Sanxay, autre poëte ; Samuel Veyrel, maître apothicaire.

C'est dans ce cénacle que Palissy lut sans doute ses premiers essais ; ce furent ces connaisseurs qui durent lui donner l'idée de les publier.

Il le fit. Son premier livre parut en 1563, chez Barthélemy Breton, libraire à La Rochelle, sous ce titre :

« *Recepte véritable par laquelle tous les hommes de la France pourront apprendre à multiplier et à augmenter leurs thrésors.* » Ce livre contenait encore le « dessein d'un jardin délectable et d'utile invention », et « le dessein et ordonnance d'une ville imprenable. »

Les moyens offerts aux hommes par Palissy pour augmenter leurs trésors sont des moyens agricoles. Palissy fut, en effet, un agronome distingué, et toute sa vie il s'occupa de culture et d'élevage, souffrant de voir l'ignorance du paysan et lui prodiguant des conseils. Dans son livre, il s'occupe longuement des engrais, recommandant de recueillir l'eau pluviale ayant passé à travers les fumiers. Il expose aussi une méthode pour la taille des arbres, étudie les propriétés des pierres, des sels, des eaux, etc.

Puis il trace avec complaisance le plan du jardin qu'il voudrait habiter ; il décrit les rochers, les statues et les grottes émaillées, les fontaines, les jets d'eau, les tonnelles, les cabinets de verdure, les volières qui en seront l'ornement. Ce jardin est pour lui une cité de refuge où il voudrait se retirer aux mauvais jours pour fuir les iniquités des hommes. La pensée d'aller ainsi habiter une solitude agréable ne pouvait lui être inspirée que par les derniers évènements, par les déboires et les persécutions qui lui étaient advenus.

Et c'est sans doute obsédé de la même idée, qu'après avoir raconté ce que fut la lutte religieuse dans sa province, il décrit minutieusement le plan d'une forteresse qu'il déclare imprenable. Cette forteresse, destinée à sauver la Réforme, a été nommée avec raison une ville coquille : elle était faite d'une rue unique en spirale aboutissant au centre. Elle n'était pas imprenable, tant s'en faut, mais la variété des connaissances de Palissy n'en est pas moins surprenante ; de l'avis des gens compétents, il a énoncé dans ce traité quelques uns des points les plus importants de l'art de fortifier.

A ces mérites si divers : curiosité touchant à toutes choses, netteté de perception, pénétration de l'esprit, Palissy joint une autre qualité : Palissy est un écrivain.

Il traite chaque sujet avec le langage qui lui convient ; il sait toujours rester naturel. La phrase est vive, le récit plein de verve, les réflexions malicieuses. On voit l'homme à travers les mots avec ses indignations, ses joies et ses mauvaises humeurs ; on connaît son caractère par la façon dont il s'exprime : Palissy est franc, toujours sincère, enthousiaste et amer, chagrin et irritable.

Deux ans après la publication de la *Recepte véritable,* en 1565, Charles IX et sa mère, Catherine de Médicis, visitant les provinces du Midi, s'arrêtèrent à Saintes.

Le connétable de Montmorency présenta au roi et à la reine l'inventeur des rustiques figulines qui, lui, présenta ses œuvres. Elles furent fort admirées, et Catherine voulant joindre la réalité au titre de « potier de la reine » fit promettre à Bernard qu'il viendrait sous peu de temps habiter Paris.

C'est là que nous allons le retrouver.

IX

A Paris

Le portrait de Palissy peint à la gouache sur vélin, qui est au musée de Cluny, doit le représenter tel qu'il fut à Paris.

Le visage est long, triste et songeur ; la bouche est bonne et railleuse à la fois ; les

Le connétable de Montmorency présenta au roi et à la reine l'inventeur des rustiques figulines (page 71).

yeux sont très beaux, grands, d'un noir velouté ; le regard est singulièrement pénétrant. Le crâne est dégarni ; les moustaches et la barbe sont longues.

Le costume est celui des bourgeois de l'époque : fraise empesée, pourpoint brodé, orné d'aiguillettes.

Le nom de Palissy est inscrit sur ce portrait ainsi que cette maxime : *Nulle nature ne peut produire son fruit sans extrême travail, voire et douleur.*

On ne sait où alla habiter Bernard en arrivant à Paris. Deux traditions sont en présence.

L'une veut qu'il se soit fixé rue du Dragon. La maison sise au numéro 24 de cette rue qui va de la rue Taranné à la rue du Four-Saint-Germain porte cette inscription : *Ancienne demeure de Bernard Palissy en 1575.* Elle a été aussi pendant fort longtemps ornée d'un médaillon de faïence attribué à Palissy et acquis il y a quelques années par un marchand.

L'autre tradition veut que Bernard, sa famille et ses ouvriers aient été installés par la reine dans les Tuileries que bâtissait alors Philibert Delorme.

Il peut y avoir là beaucoup de vrai. L'appellation de Bernard des Tuileries donnée au potier saintongeais ne prouverait pas grand chose ; mais on a retrouvé, en 1855, dans le jardin des Tuileries les vestiges d'un four, des moules de plats et de figurines, des débris de poteries émaillées. Tout cela donne lieu de supposer que s'il n'eut pas son habitation aux Tuileries, Palissy y eut au moins son atelier.

Là, aidé de ses deux fils, Nicolas et Mathurin (1) il fit pour les Tuileries ce qu'il avait fait pour Ecouen, Nesles, Chaulnes, etc. des grandes compositions murales, des grottes rustiques et des statues émaillées dont il n'est malheureusement arrivé jusqu'à nous qu'un fragment sans importance : un chapiteau de colonne que l'on peut voir au Louvre.

On sait seulement que la grotte qu'il construisit, grotte qu'il promettait durable et éternelle, et dont il ne reste pas trace, lui fut payée 2,600 livres tournois (10 à 12,000 francs).

En revanche, quantité de plats, de coupes,

---

(1) Les comptes de dépenses faites pour le château des Tuileries portent que le paiement des ouvrages de terre cuite et émaillée, est fait à « Bernard, Nicolas et Mathurin Palissy, sculpteurs en terre. » Il y a tout lieu de croire que les deux derniers sont fils de Bernard et qu'ils lui succédèrent. En effet, après sa mort, d'autres faïences conçues dans le même goût que les siennes, mais bien inférieures à tous les points de vue, furent mises en circulation.

d'aiguières, de statuettes sortirent de son atelier à cette époque.

Ces pièces ressemblent à celles qu'il fit à Saintes pour la finesse de la pâte, la belle vivacité du coloris et la transparence de l'émail ; mais l'ornementation est toute différente et révèle de grands changements dans l'esprit et les goûts de l'artiste.

Ce ne sont plus des « rustiques figulines » se mouvant dans des eaux claires et à travers un fouillis d'herbes et de fleurs.

Non, Palissy n'est plus le campagnard, le promeneur matinal qui recueillait les révélations de la terre et des eaux. Palissy vit dans une société élégante, amoureuse de paraphrases et d'allégories, qui s'intéresse fort peu au petit monde des ruisseaux et des creux de rochers. Palissy n'est plus seul en face de la nature, libre d'esprit, interprétant naïvement et fortement ce que ses yeux transmettent à son cerveau.

Il a vu les œuvres des peintres, des sculpteurs et des orfèvres : Germain Pilon, Primatice, Cellini, Barthélemy Prieur, Jean Goujon, etc. Il sait maintenant que d'autres, et de grands artistes, ont vu autre chose que lui ; qu'ils ont fouillé les mythologies pour y trouver des sujets gracieux ou héroïques, des nu-

dités éclatantes et des lignes harmonieuses ; il
sait qu'ils ont peint et sculpté même des
abstractions, les Vertus et les Vices, tels que
la tradition, et quelquefois leur cerveau les
leur représentaient.

Il voulut alors, lui aussi, marcher dans cette
voie et il se mit à tracer des compositions pour
ses plats, ses brocs, ses aiguières, à modeler
des statuettes, des groupes, qui sont la preuve
de la victoire de Paris et du goût régnant sur
le potier de terre saintongeais. Ce sont *La
Vierge et l'enfant Jésus, Vénus et Adonis,
Neptune sur un cheval marin, Madeleine en
extase, la Foi, l'Espérance et la Charité,
Bacchus et Cérès, Persée et Andromède, le
Jugement de Pâris, Actéon changé en cerf,
la Reine de Saba, les Noces de Cana, Ver-
tumne et Pomone, le Triomphe de Galatée,*
etc.

Il a parfois de belles inspirations qu'il traite
avec simplicité : il y a au Musée du Louvre
une très belle *Charité :* une femme pleine de
force et de douceur qui tient des enfants dans
ses bras, et un chef-d'œuvre de modelé : une
Madeleine au milieu d'une campagne sau-
vage ; mais il y a aussi un plat qui représente
la *Tempérance,* entourée de la *Terre,* du *Feu,*
de l'*Air,* de l'*Eau,* de la *Musique,* de l'*Arith-*

métique, de la *Géométrie*, de l'*Astronomie*, de *Minerve*, de la *Grammaire*, de la *Dialectique*, de la *Rhétorique* ; un autre représente la *Religion*, avec des attributs : un calice, des livres, un serpent, deux cygnes. Tout cela n'est-il pas un peu bien compliqué ?

Quelques-uns de ces plats, — entre autres le plat des *Éléments* et celui de la *Tempérance*, — reproduisaient des plats d'étain du célèbre orfèvre-ciseleur Briot avec lequel Bernard paraît avoir été associé. Mais on a été plus loin ; on a prétendu que toutes les figures avaient été dessinées et modelées par d'autres que par lui ; que la *Madeleine*, par exemple, était de Prieur ; on oublie trop facilement, il nous semble, qu'avant d'être potier, Palissy dessinait et peignait des vitraux.

Le rude et libre génie de Palissy avait fait amende honorable ; son originalité s'était pliée aux caprices de la mode : il eut la vogue, il fut riche et célèbre. Mais il n'en devait pas moins rester pour l'avenir qui remet chaque chose à sa place et chaque homme à son rang l' « inventeur des Rustiques Figulines. »

Il ne délaissa d'ailleurs jamais entièrement ce que la société élégante d'alors appelait des sujets de « basse condition ». Alors qu'il était occupé à dessiner et à émailler des Vierges et des Nymphes, Palissy sut voir les humbles dans la société comme il avait su les voir dans la nature.

Dans son atelier des Tuileries, auprès des conceptions empruntées au paganisme et au catholicisme, des *Triomphes de Bacchus* et des *Apothéoses de la Vierge Marie*, il y avait des bons hommes et des bonnes femmes pauvrement vêtus, d'attitude digne et paisible, et qui devaient être bien étonnés de se trouver au milieu de cette société surnaturelle. C'étaient des enfants tenant des chiens dans leurs bras, des *Nourrices*, belles paysannes portant coiffe et tablier blancs et allaitant des enfants, de vieilles *Balayeuses*, ridées et courbées, des *Joueurs de vielle*, des *Joueurs de cornemuse*, des *Moissonneurs*, etc.

Ce devait être une stupéfaction sans cesse renouvelée pour Catherine de Médicis de trouver là ces intrus quand elle venait dans l'atelier voir travailler Palissy et l'entendre parler de son art. Elle devait ne voir dans ces statuettes ni beauté de lignes, ni richesse de coloris et les trouver inférieures aux couleuvres et aux lézards qu'elle avait admirés à Saintes.

Mais rien n'a transpiré des entretiens de la reine et de l'ouvrier potier.

Palissy, lui, allait voir « travailler » Philibert Delorme et discuter avec lui. Sur quoi discutaient-ils ? Sur tout, sans doute. Le désir de savoir ne fit que s'accroître chez Palissy quand il se trouva à Paris en contact avec les plus grands savants de France.

Il allait avec des maîtres et des étudiants visiter les carrières Saint-Marceau et les environs de Paris pour continuer ses études sur les fossiles. Ce fut aussi à ce moment qu'il dut visiter Soissons, Meaux, et la plus grande partie de l'Ile de France.

Il s'enquérait des possesseurs de cabinets de curiosités et de collections auprès desquels il pouvait avoir accès, et il retirait toujours de ces visites, de ces études, profit pour son esprit.

Il forma lui-même, à l'aide de ce qu'il avait trouvé dans ses voyages et des présents qu'on lui avait offerts, un cabinet d'histoire naturelle, le premier qui ait existé à Paris.

Cela ne lui suffit bientôt plus. L'apôtre se réveilla en lui ; il voulut faire profiter les autres de ses découvertes et en même temps appeler la contradiction pour compléter sa propre éducation.

Voici ce que lui fit trouver son ingéniosité, son esprit toujours en éveil : En 1575, pendant le carême, il fit annoncer par affiches

Nourrice (no 78).

qu'il donnerait des leçons sur les fontaines, les pierres, les métaux. Le prix d'entrée était fixé à un écu ; Palissy voulait par ce moyen écarter les indifférents. Ayant réellement soif d'apprendre, voulant susciter des débats qui l'auraient éclairé en même temps que ses adversaires, il promettait quatre écus à celui qui l'aurait convaincu de mensonge. Il dit plus tard avec satisfaction que jamais homme ne l'a contredit d'un seul mot. Il y avait là pourtant des doctes et des érudits : des médecins, des chirurgiens, des avocats, des artistes, des mathématiciens, Ambroise Paré, Milon, Barthélemy Prieur, etc.

Palissy montrait comme preuves de ses dires les pièces de sa collection

Il avait, au début, l'intention de faire seulement trois leçons, et La Croix du Maine, un de ses biographes, dit qu'en 1584, neuf ans après l'ouverture du cours, il donnait encore des « leçons de sa science et profession. » Bernard Palissy n'est-il pas l'un des ancêtres des conférenciers d'aujourd'hui ?

Ce que furent ces conférences, nous le savons, Palissy les ayant résumées dans un livre dédié à Antoine de Pons qu'il fit paraître en 1580, à Paris, chez Martin le jeune, à l'enseigne du Serpent.

6

Ce livre qui traite des eaux, des glaces, des métaux, des sels, des pierres, des argiles, constitue un véritable cours de géologie comparée. Il est intitulé : *Discours admirables de la nature des eaux et fontaines tant naturelles qu'artificielles, des métaux, des sels et salines, des pierres, du feu et des émaux, avec plusieurs autres excellents secrets des choses naturelles.*

Dans ce livre, Palissy se montre physicien, chimiste, géologue, alors que la physique, la chimie, la géologie n'existaient pas. Il fait des expériences sur les engrais, les sels, les métaux, et relate ses découvertes. Le voile qui recouvre les secrets de la nature se déchire par moments devant ce savant intuitif qui faillit formuler la loi de la dilatation et celle de la pesanteur de l'air ; qui entrevit le principe de l'attraction et celui de la décomposition de la lumière ; qui eut, le premier, l'idée des puits artésiens ; qui formula la théorie exacte de la cristallisation ; qui, par ses observations sur les formations calcaires, sur l'origine des fossiles, mérita d'être appelé par Cuvier : « le père de la géologie moderne. »

La science moderne doit lui être reconnaissante encore d'autre chose : le premier, Palissy a rompu avec les divagations métaphysiques qui étaient de mise dans l'enseignement des sciences. Le premier, avant Bacon (on a fait cette curieuse remarque), il a enseigné que pour atteindre la vérité, il fallait recourir à l'expérience.

X

Mort de Palissy à la Bastille

On ne sait comment Palissy, protestant convaincu, échappa à la Saint-Barthélemy. Catherine de Médicis le fit-elle avertir de ne pas sortir de chez lui? Son titre d'inventeur des rustiques figulines du roi et de la reine le protégea-t-il? Alla-t-il faire à cette époque, comme plusieurs écrivains l'assurent, un voyage dans les Ardennes, où le duc de Bouillon recevait fort bien les huguenots?

Autant de questions sans réponses.

Ce point de la vie de Palissy restera sans nul doute éternellement obscur.

Mais si en 1572, il put échapper au massacre, en 1588, il ne put échapper à la prison. Les ligueurs vinrent arrêter cet ouvrier chargé d'années et le jetèrent à la Bastille, en attendant qu'un arrêt de mort fut rendu contre lui.

Henri III vint voir Palissy dans sa prison (page 85).

L'un des Seize, Mathieu de Launay, exigeait qu'on menât Bernard au supplice.

Le duc de Mayenne fit surseoir à l'exécution de ce vieillard de quatre-vingt-dix ans, de cet artiste inoffensif. Le procès se prolongea. Palissy resta à la Bastille.

Agrippa d'Aubigné raconte[1] que Henri III qui devait être chassé de Paris peu de temps après par la Ligue, vint voir Palissy dans sa prison et lui adressa ces paroles :

« Mon bonhomme, si vous ne vous accommodez pas pour le fait de la religion, je suis contraint de vous laisser entre les mains de mes ennemis. »

Et Palissy aurait répondu :

« Sire, j'étais bien tout prêt à donner ma vie ; si c'eût été avec quelque regret, certes, il serait éteint en ayant ouï prononcer à un grand roi : *Je suis contraint*. C'est ce que vous, Sire, et tous ceux qui vous contraignent, ne pourront jamais sur moi, parce que je sais mourir. »

Il mourut en effet peu de temps après, en 1589, pendant le siège de Paris, en même temps que trois autres pauvres femmes détenues pour cause de religion, et qui moururent de faim et mangées par la vermine.

---

(1) Histoire universelle.

Le Gouverneur de la Bastille, Bussi, répondit le lendemain à quelqu'un qui voulait voir Palissy, qu'il l'avait donné à manger à ses chiens, et qu'on le trouverait sur le rempart, où il l'avait fait traîner « comme un chien qu'il était ».

XI

Réparation

Le jour de la réparation devait venir. Il vint en l'an III de la République, quand, au nom du comité d'agriculture de Paris, Joseph Eschasseriaux, député de Saintes, prit l'initiative d'un projet qui fut voté par la Convention.

La Convention nationale déclara que, « voulant récompenser le génie dans quelque siècle qu'il ait vécu, et Bernard Palissy ayant bien mérité de la science et de la nation », son buste serait placé dans la salle des séances.

La faveur dont jouissent les œuvres de Palissy est aussi une réparation. Elles occupent la place d'honneur dans les musées : au Louvre, à Cluny, à Sèvres, à Lyon, à Londres, à Bade, et dans les collections particulières.

Au commencement du siècle, elles étaient

tombées en discrédit; on payait cinq francs un plat, une coupe de Palissy ; aujourd'hui ces plats et ces coupes sont remplis d'or dans les ventes.

L'œuvre et l'ouvrier triomphent; l'œuvre, obtenue au prix de tant d'efforts et de misères, nous apparaîtra toujours comme un des plus beaux résultats qu'ait pu atteindre l'intelligence humaine.

Pour l'homme, on a voulu épiloguer sur sa situation, contrôler ses malheurs, mais ce qu'on ne peut nier, c'est sa mort à la Bastille, à l'âge de quatre-vingt-dix ans, pour n'avoir pas voulu renoncer aux idées, — vraies ou fausses, là n'est pas la question, — auxquelles il croyait. Sa vie en prend un caractère d'opiniâtreté et de stoïcisme, et cet ouvrier agreste, que nous avons vu occupé à mouler des bestioles et à jeter sur le bord de ses plats et les panses de ses brocs des branches de groseilliers et des pieds de fraisiers en fleurs, nous apparaît subitement avec l'auréole des persécutés, comme un des martyrs de la liberté de penser.

FIN.

TABLE

VERSAILLES. — IMPRIMERIE CERF ET FILS, 59, RUE DUPLESSIS.

9 782019 229016